La Jetée 환송대

환송대　　　영화—소설
La Jetée ciné-roman

크리스 마커 이윤영 옮김
Chris Marker

이것은 유년 시절의 이미지 하나가 각인된 한 남자의 이야기다.

너무 폭력적이어서 그를 뒤흔들어놓았던 장면,

아주 오랜 시간이 지난 후에야 그가 그 의미를 이해하게 된 장면은,

제3차 세계대전이 일어나기 몇 년 전

오를리 공항의 거대한 환송대에서 벌어졌다.

Ceci est l'histoire d'un homme marqué par une image d'enfance.

La scène qui le troubla par sa violence,

et dont il ne devait comprendre que beaucoup plus tard la signification,

eut lieu sur la grande jetée d'Orly,

quelques années avant le début de la Troisième Guerre mondiale.

오를리 공항. 부모들이 아이들을 데려와 이륙하는 비행기들을 보여준다.

le dimanche, les parents mènent leurs enfants voir les avions en partance.

바로 이 일요일부터 우리 이야기의 주인공인 아이는 오랫동안 머릿속에 떠올리게 된다. 멈춰선 태양, 환송대 끝에 서 있던 구조물,

De ce dimanche, l'enfant dont nous racontons l'histoire devait revoir longtemps le soleil fixe, le décor planté au bout de la jetée,

그리고 한 여자의 얼굴을.

et un visage de femme.

기억으로 남는 순간은 다른 평범한 순간들과 구별되지 않는다.

단지 오랜 시간이 지나고 나서야 그 흉터들 때문에 알아보게 될 뿐.

전쟁 시기 내내 평화 시기의 유일한 이미지가 될 이 얼굴,

그는 그것을 진짜로 보았는지,

다가올 광기의 시간을 견뎌내기 위해 스스로 이 따뜻한 순간을 지어냈는지

오랫동안 혼자서 되물었다.

Rien ne distingue les souvenirs des autres moments:

ce n'est que plus tard qu'ils se font reconnaître, à leurs cicatrices.

Ce visage qui devait être la seule image du temps de paix à traverser

le temps de guerre, il se demanda longtemps s'il l'avait vraiment vu,

ou s'il avait créé ce moment de douceur pour étayer

le moment de folie qui allait venir,

갑작스런 굉음, 여자의 몸짓,

avec ce bruit soudain, le geste de la femme,

쓰러지는 몸뚱이, 환송대 위의 사람들이 공포에 질려 내지르는 비명 소리와 함께.

ce corps qui bascule, les clameurs des gens sur la jetée, brouillés par la peur.

이후에 그는 한 남자가 죽는 모습을 봤다고 생각했다.

Plus tard, il comprit qu'il avait vu la mort d'un homme.

그리고 얼마 후, 파리가 파괴되었다.

Et quelque temps après, vint la destruction de Paris.

많은 사람이 죽었다. 어떤 사람들은 스스로 승자라고 믿었다. 다른 사람들은 포로가 되었다.

Beaucoup moururent. Certains se crurent vainqueurs. D'autres furent prisonniers.

생존자들은 샤요 궁전의 지하통로에 자리를 잡았다.

Les survivants s'établirent dans le réseau des souterrains de Chaillot.

파리의 지상뿐 아니라 아마도 대부분의 세계는 방사능에 오염되어 거주할 수 없는 곳이 되어버렸다.

La surface de Paris, et sans doute de la plus grande partie du monde, était inhabitable, pourrie par la radioactivité.

승자들은 쥐들의 왕국에 보초를 세웠다.

Les vainqueurs montaient la garde sur un empire de rats.

포로들은 실험대상이 되어버렸고, 이 실험은 이를 진행한 사람들의 초미의 관심사인 것 같았다.

Les prisonniers étaient soumis à des expériences qui semblaient fort préoccuper ceux qui s'y livraient.

실험이 끝나자 어떤 사람들은 실망했고,

Au terme de l'expérience, les uns étaient déçus,

다른 사람들은 죽거나 미쳐버렸다.

les autres étaient morts, ou fous.

어느 날 사람들이 실험실로 데려가려고 포로들 중에서

C'est pour le conduire à la salle d'expériences qu'on vint chercher un jour, parmis les prisonniers,

우리 이야기의 주인공을 찾아왔다.

l'homme dont nous racontons l'histoire.

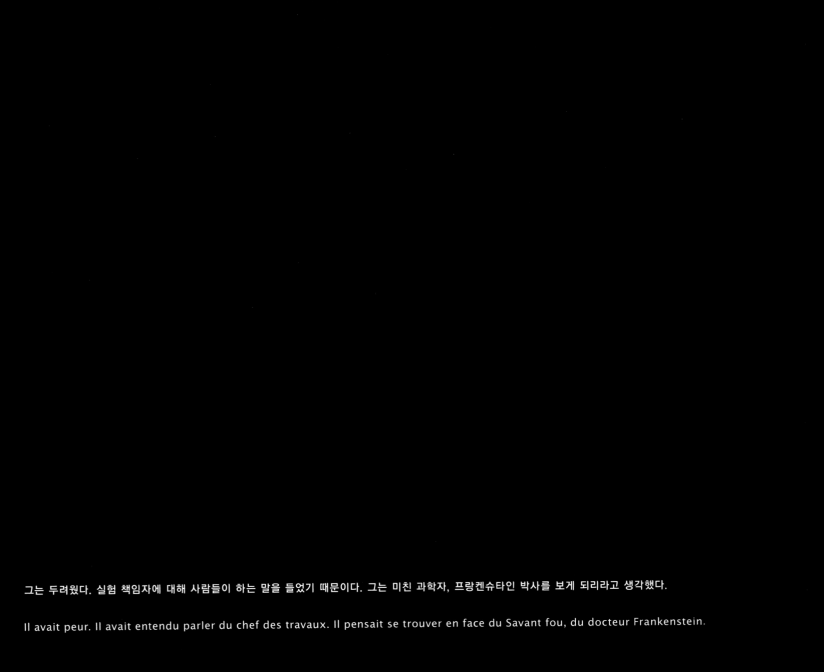

그는 두려웠다. 실험 책임자에 대해 사람들이 하는 말을 들었기 때문이다. 그는 미친 과학자, 프랑켄슈타인 박사를 보게 되리라고 생각했다.

Il avait peur. Il avait entendu parler du chef des travaux. Il pensait se trouver en face du Savant fou, du docteur Frankenstein.

그러나 그는 자신에게 차분하게 설명하는 한 냉정한 남자를 만났을 뿐이다. 인류는 지금 운이 다했으며

Il vit un homme sans passion, qui lui expliqua posément que la race humaine était maintenant condamnée,

인류에게 공간은 아예 닫혀버렸고

que l'Espace lui était fermé,

생존 수단을 얻을 수 있는 유일한 희망은 시간을 통과하는 것뿐이라고 했다.

que la seule liaison possible avec les moyens de survie passait par le Temps.

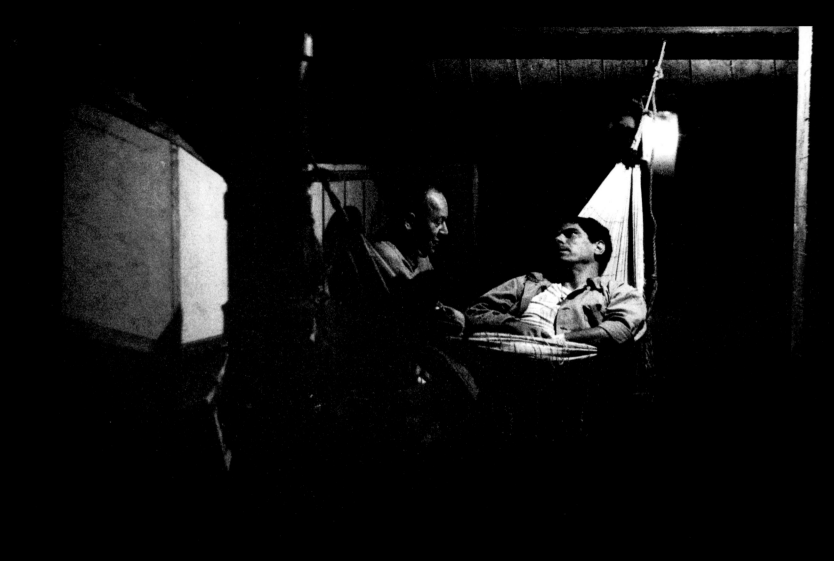

시간에 구멍을 뚫어 아마도 여기로 생필품, 의약품, 에너지 원료 등을 옮겨 올 수 있으리라는 것이다.

Un trou dans le Temps, et peut-être y ferait-on passer des vivres, des médicaments, des sources d'énergie.

이것이 실험의 목적이었다. 현재를 구하기 위해 시간 속으로 밀사를 보내 과거와 미래를 불러내는 것.

Tel était le but des expériences: projeter dans le Temps des émissaires, appeler le Passé et l'Avenir au secours du Présent.

그런데 사람의 정신은 이를 감당할 수 없었다. 다른 시간대에서 깨어난다는 것은, 성인의 상태를 유지한 채 두번째로 다시 태어나는 것이기 때문이다. 이 충격은 너무 컸다.

Mais l'esprit humain achoppait. Se réveiller dans un autre temps, c'était naître une seconde fois, adulte. Le choc était trop fort.

이렇게 생명도 의식도 없는 육체를 다른 시간대로 보내기를 거듭한 이후,

Après avoir ainsi projeté dans différentes zones du Temps des corps sans vie ou sans conscience,

이제 발명가들은 아주 강렬한 정신적 이미지를 가진 사람들에게 집중하기 시작했다.

les inventeurs se concentraient maintenant sur des sujets doués d'images mentales très fortes.

또 다른 시간을 상상하고 꿈꿀 수 있다면, 아마도 그 시간대에 머무를 수도 있을 것이다.

Capables d'imaginer ou de rêver un autre temps, ils seraient peut-être capables de s'y réintégrer.

수용소 경찰은 포로들의 꿈까지 염탐했다.

La police du camp épiait jusqu'aux rêves.

수천 명 중에서 이 남자가 선발된 것은 그가 과거의 이미지 하나에 집착하고 있었기 때문이다.

Cet homme fut choisi entre mille, pour sa fixation sur une image du passé.

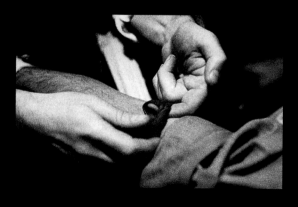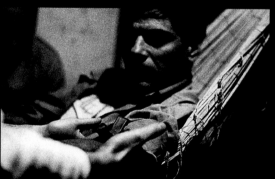

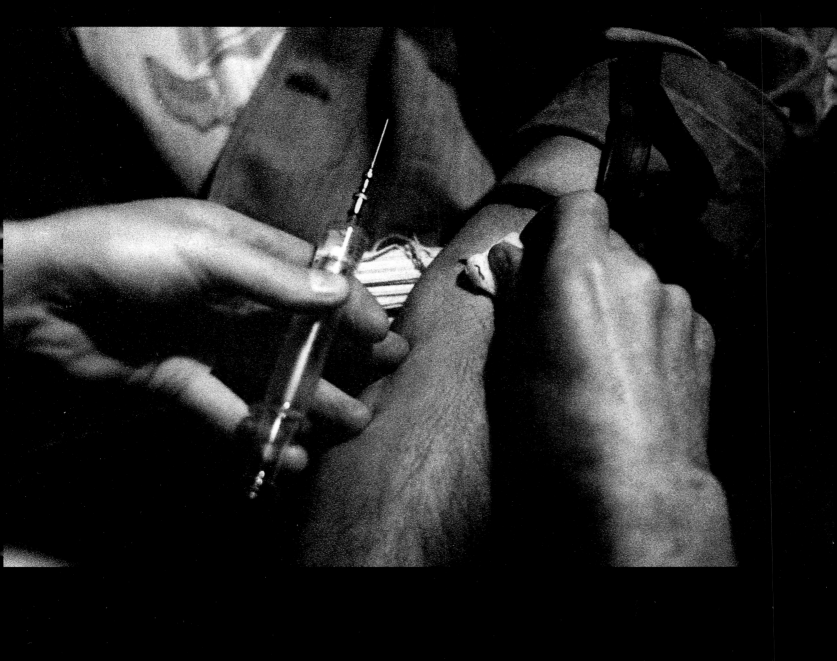

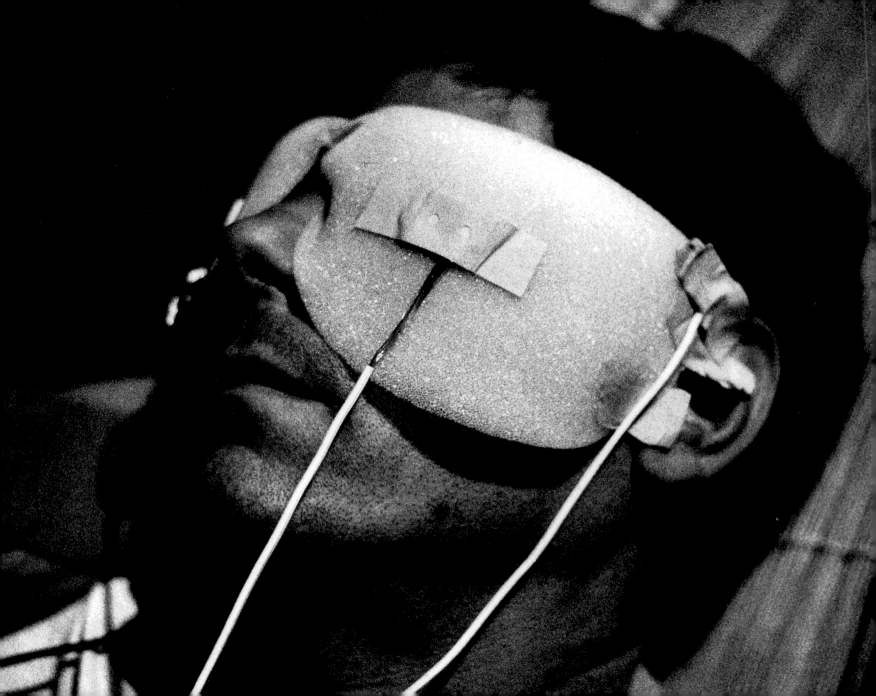

처음에는 현재의 시간에서 그 받침대를 떼어내는 작업만 이루어진다.

Au début, rien d'autre que l'arrachement au temps présent, et ses chevalets.

다시 시작.

On recommence.

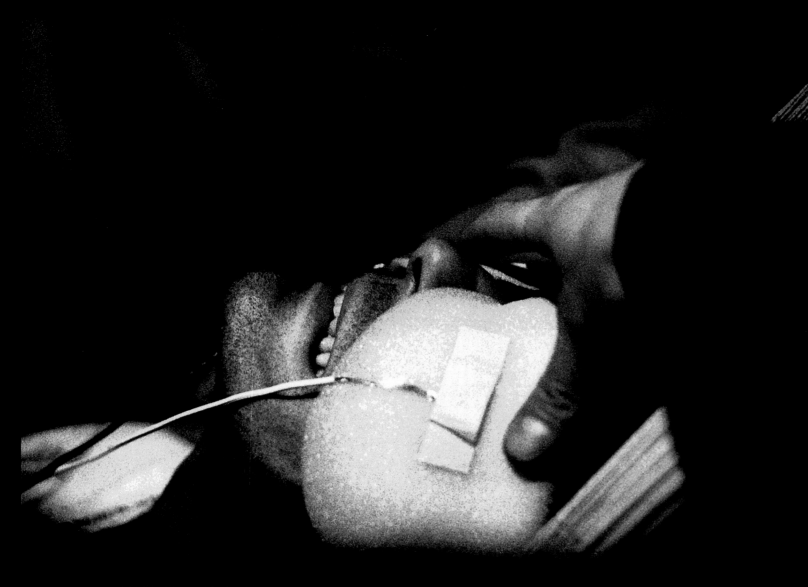

이 남자는 죽지도 미치지도 않는다.

Le sujet ne meurt pas, ne délire pas.

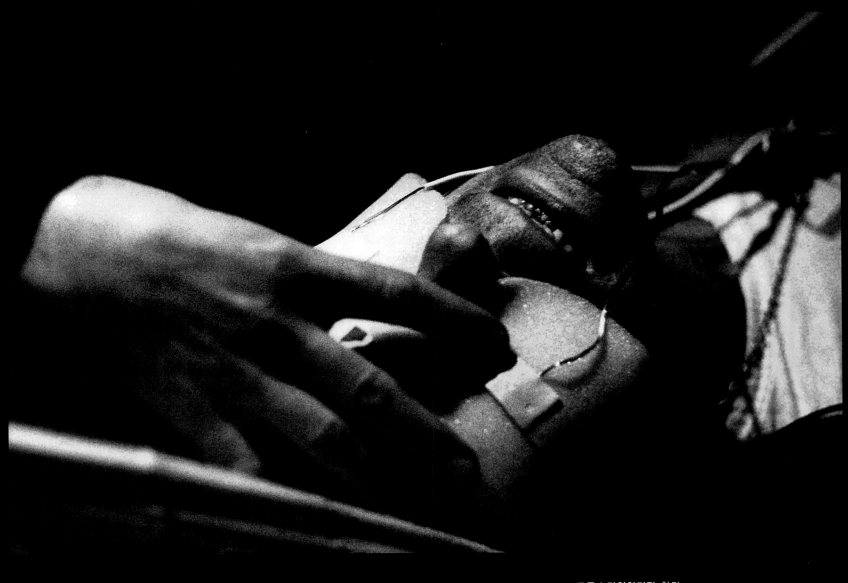

고통스러워하기만 한다.

Il souffre.

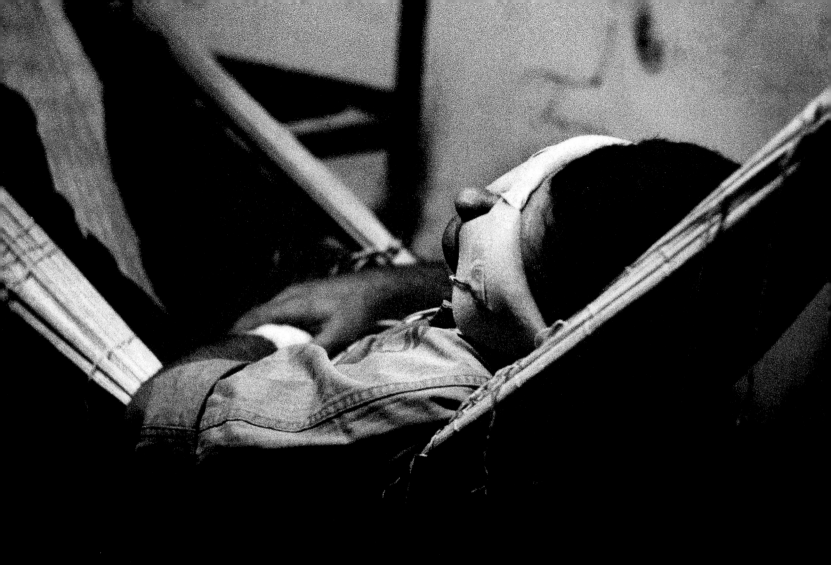

실험 계속.

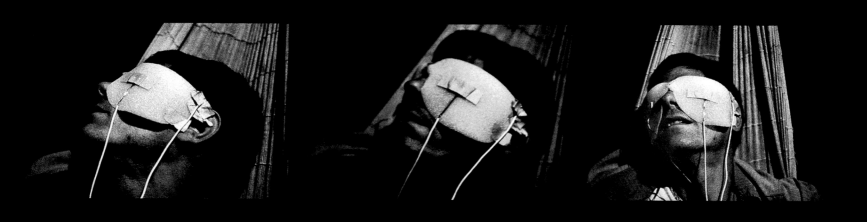

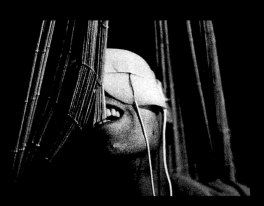

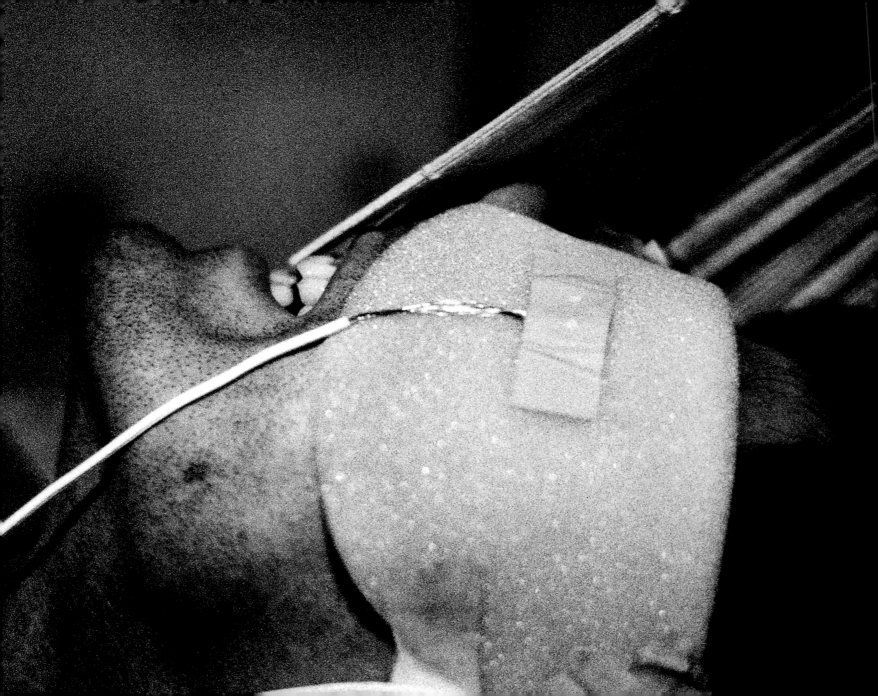

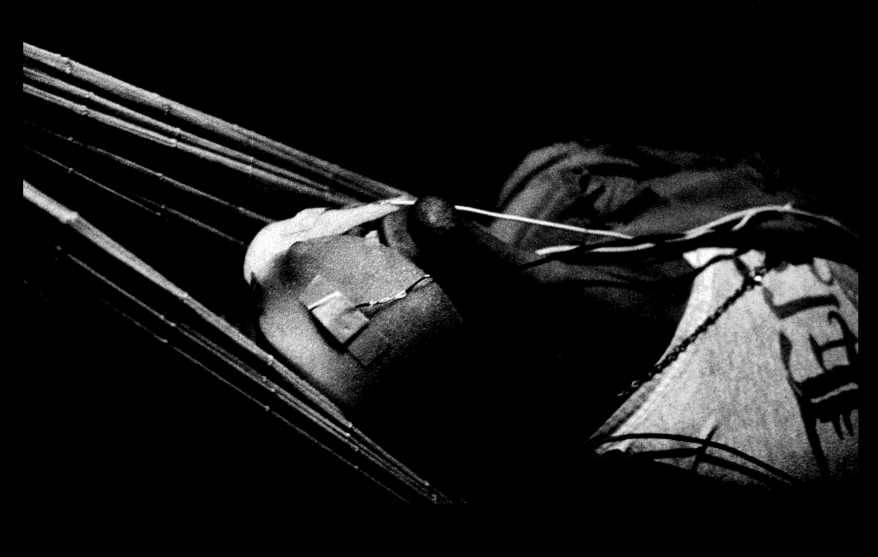

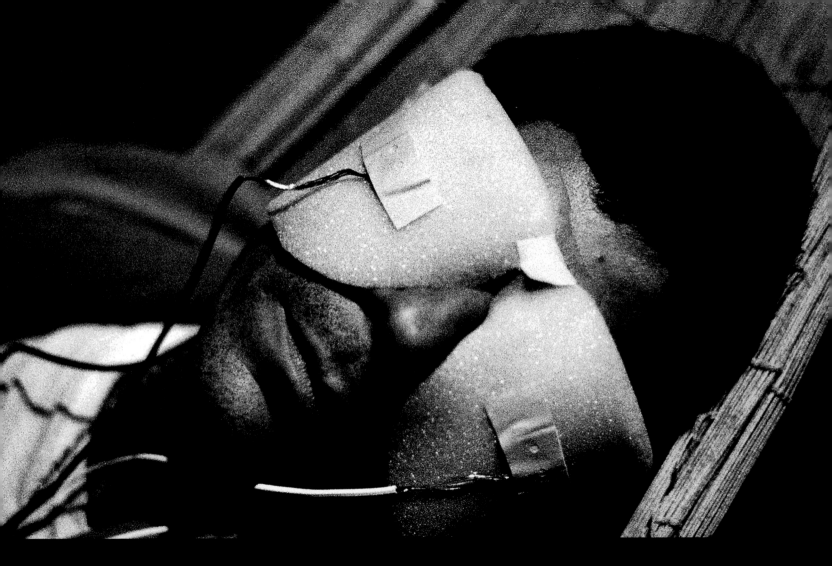

실험 열흘째 되던 날, 이미지들이 고백처럼 솟아나기 시작한다.

Au dixième jour d'expérience, des images commencent à sourdre, comme des aveux.

진짜 새.

진짜 고양이.

De vrais chats.

진짜 무덤.

De vraies tombes

행복한 얼굴을 다시 생각해내지만, 그것은 다른 얼굴이다.

un visage de bonheur, mais différent.

그가 찾는 사람일 수도 있는 여자. 그는 그녀를 환송대에서 마주친다.

어쩌면 그의 기억의 박물관일지도 모를 박물관에서, 다른 이미지들이 나타나 뒤섞인다.

D'autres images se présentent, se mêlent, dans un musée qui est peut-être celui de sa mémoire.

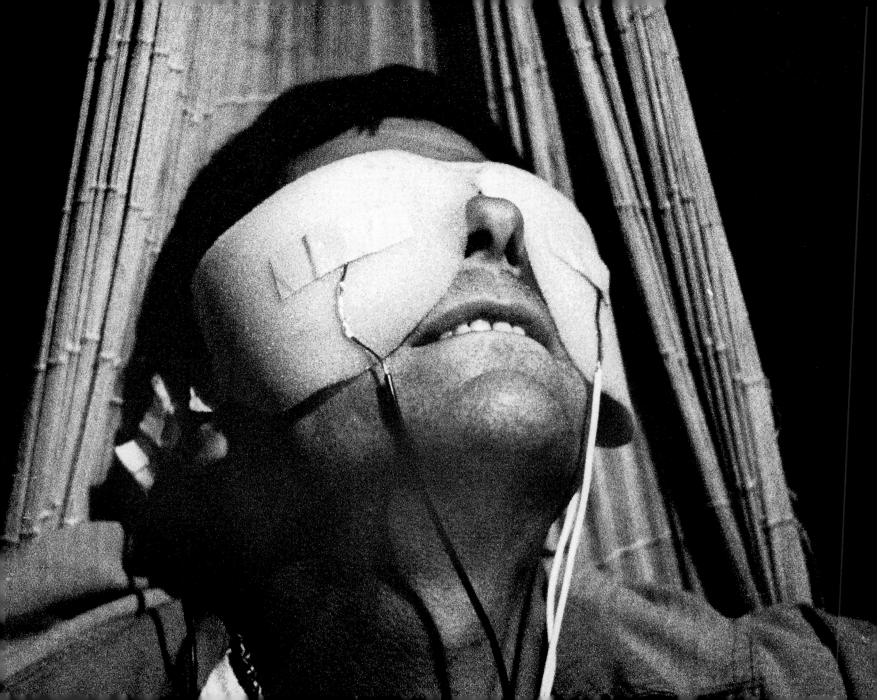

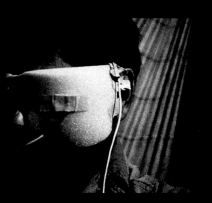

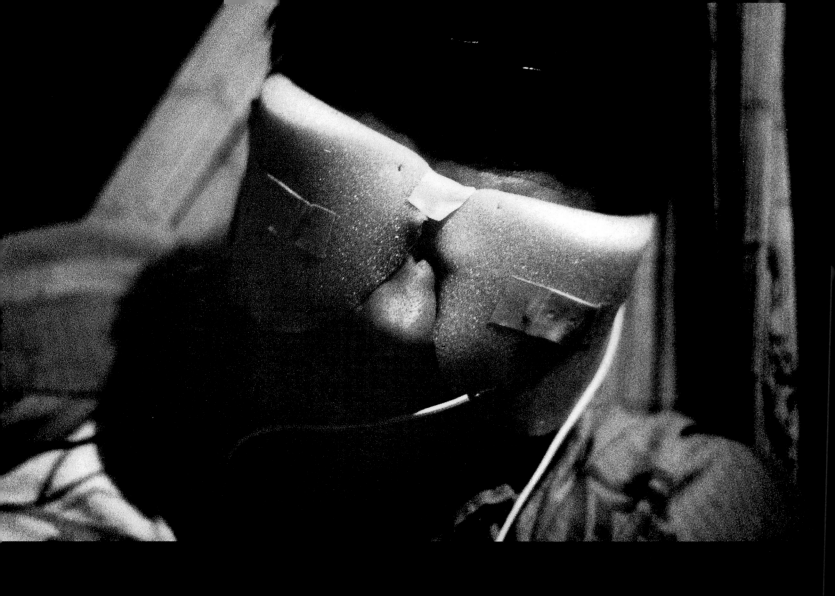

사실상 이것이 그가 가진 유일한 확신이다. 무엇보다 그 풍요로움으로 그를 놀라게 한 이 날짜 없는 세계에서.

C'est d'ailleurs la seule chose dont il est sûr, dans ce monde sans date qui le bouleverse d'abord par sa richesse

그가 혼수상태에서 깨어나자, 여자는 사라졌다.

Lorsqu'il sort de sa fascination, la femme a disparu.

실험하는 사람들은 통제를 강화하고 그를 다시 궤도로 돌려보낸다.

Ceux qui mènent l'expérience resserrent leur contrôle, le relancent sur la piste.

이들의 시간은 이들 주변에서만 만들어진다.

Leur temps se construit simplement autour d'eux,

이들이 지금 느끼는 순간의 정취와 벽에 쓰인 낙서가 시간의 유일한 지표일 뿐이다.

avec pour seuls repères le goût du moment qu'ils vivent, et les signes sur les murs.

그는 정원들이 있었다는 사실을 기억해낸다.

Il se souvient qu'il existait des jardins.

그녀는 그의 목걸이에 대해서 묻는다. 어느 날 갑자기 터지게 될 그 전쟁 초기부터 걸고 있었던 군인 목걸이.

Elle l'interroge sur son collier, le collier du combattant qu'il portait au début de cette guerre qui éclatera un jour

이들은 함께 걷다가 역사적인 날짜들이 새겨진 삼나무 단면 앞에 선다.

Ils marchent. Ils s'arrêtent devant une coupe de sequoia couverte de dates historiques.

그녀는 그가 이해하지 못하는 외국인 이름 하나를 말한다.* 꿈속에서처럼, 그는 그녀에게 나무 밖의 한 지점을 가리킨다.

Elle prononce un nom étranger qu'il ne comprend pas.* Comme en rêve, il lui montre un point hors de l'ar

마치 "나는 저기에서 왔어요"라고 말하는 듯이.

Il s'entend dire: "je viens de là..."

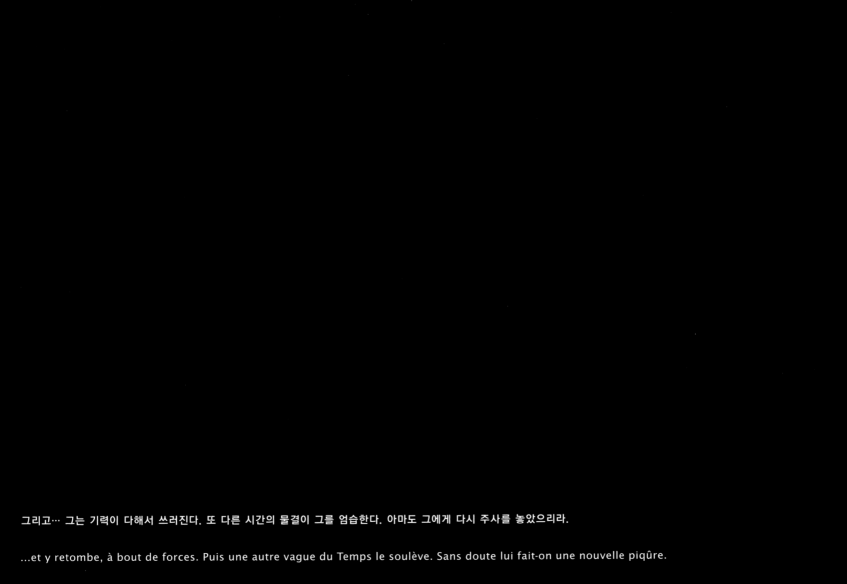

그리고… 그는 기력이 다해서 쓰러진다. 또 다른 시간의 물결이 그를 엄습한다. 아마도 그에게 다시 주사를 놓았으리라.

...et y retombe, à bout de forces. Puis une autre vague du Temps le soulève. Sans doute lui fait-on une nouvelle piqûre.

이제 그녀는 햇빛을 받으며 자고 있다.

Maintenant, elle dort au soleil.

그가 방금 발을 들였던 세계에서 그녀에게 되돌아온 사이에 그는 그녀가 죽었다고 생각한다.

Il pense que, dans le monde où il vient de reprendre pied, le temps d'être relancé vers elle, elle est morte.

그녀가 깨어나자 그는 다시 말한다. 받아들이기에는 너무 환상적인 진실 중에서 그는 본질적인 것만 추려내서 말한다.

Réveillée, il lui parle encore. D'une vérité trop fantastique pour être reçue, il garde l'essentiel:

멀리 있는 나라, 가기에는 너무 먼 거리 같은 것만을. 그녀는 비웃지 않고 그의 말을 듣는다.

un pays lointain, une longue distance à parcourir. Elle l'écoute sans se moquer

같은 날 일어난 일인가? 모르겠다. 이날처럼 이들은 비슷비슷한 수많은 산책을 하게 될 것이다.

산책을 하면서 이들 사이에 무언의 신뢰, 순수한 상태의 신뢰가 깊어지게 될 것이다. 아무런 기억도, 아무런 계획도 없이.

où se creusera entre eux une confiance muette, une confiance à l'état pur. Sans souvenirs, sans projets.

그가 이들 앞에 놓인 장벽을 느낀 순간까지는.

Jusqu'au moment où il sent, devant eux, une barrière.

첫번째 단계의 실험은 이렇게 끝났다.

Ainsi se termina la première série d'expériences.

테스트 단계가 시작되었고, 여기서 그는 다른 순간에 그녀를 다시 만나게 된다.

C'était le début d'une période d'essais où il la retrouverait à des moments différents.

가끔 그는 낙서 앞에서 그녀를 만난다.

Quelquefois il la retrouve devant leurs signes.

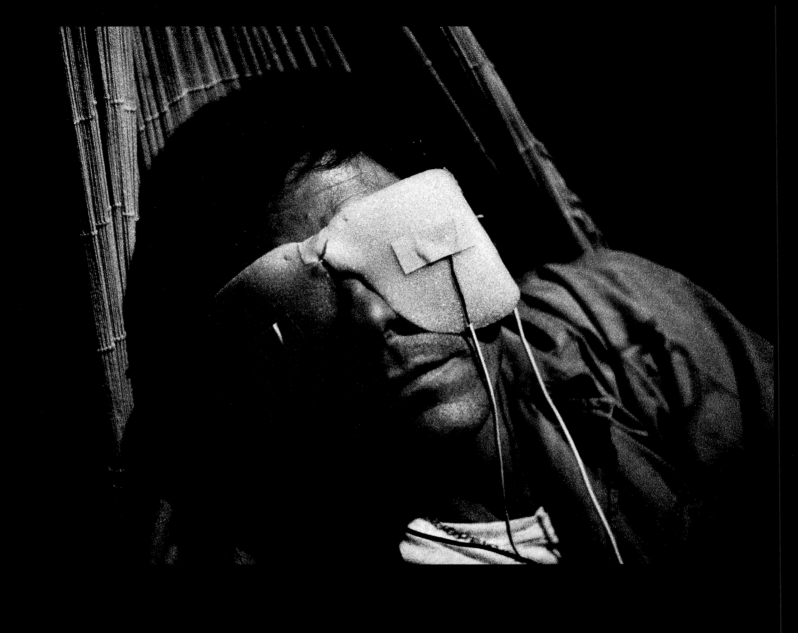

그녀는 아무런 격식 없이 그를 맞이한다. 그녀는 그를 자신의 유령이라 부른다.

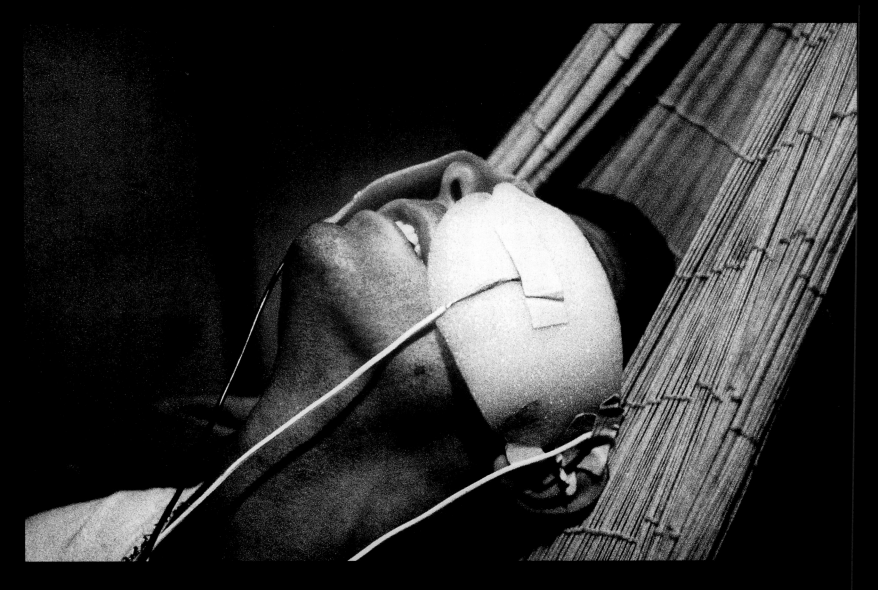

어느 날 그녀는 그에게 몸을 기댄다.

Un jour, elle se penche sur lui.

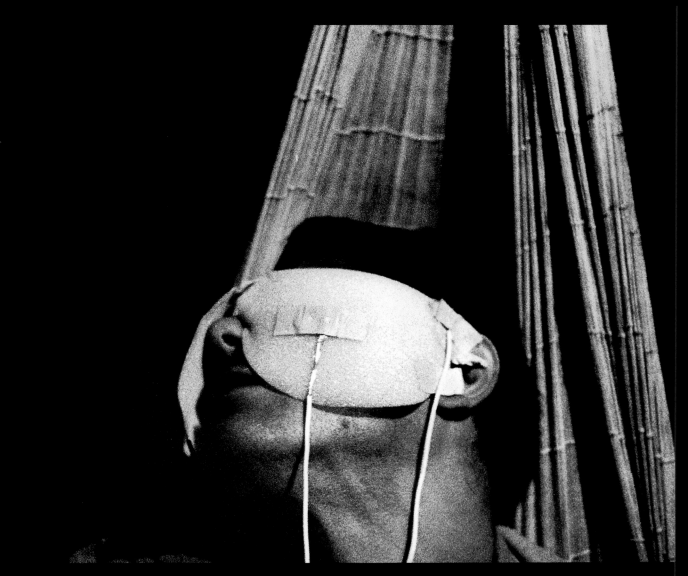

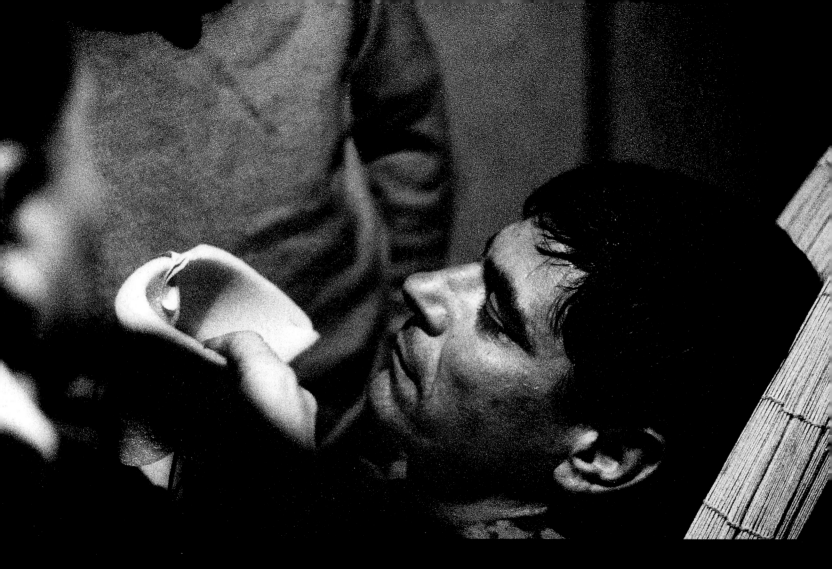

그로서는 결코 알지 못한다. 자기 스스로 그녀에게 가는지, 다만 이끌려 가는 것인지,

Lui ne sait jamais s'il se dirige ver, elle, s'il est dirigé

스스로 이 모든 것을 지어내는지, 꿈을 꾸는지.

s'il invente ou s'il rêve.

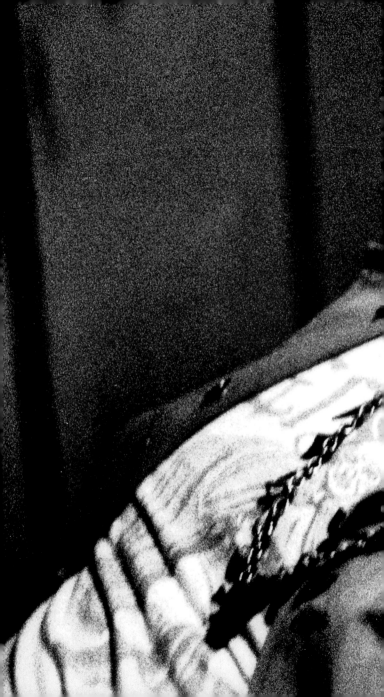

오십번째 날쯤, 이들은 영원한 동물들로 가득 찬 자연사박물관에서 만난다.

Vers le cinquantième jour, ils se rencontrent dans un musée plein de bêtes éternelles.

이제 목표 지점이 완벽하게 조준된다. 그는 정해진 순간으로 투사되어 여기에 머무를 수 있고, 고통을 느끼지 않고 여기서 움직일 수 있다.

Maintenent, le tir est parfaitement ajusté. Projeté sur l'instant choisi, il peut y demeurer et s'y mouvoir sans peine.

그녀 또한 길들여진 것 같다.

Elle aussi semble apprivoisée.

그녀는 이 방문객의 출현을 자연스러운 현상으로 받아들인다.

Elle accepte comme un phénomène naturel les passages de ce visiteur

나타나고 사라지는 방문객, 눈앞에 있고, 말하고, 그녀와 같이 웃고, 침묵하고, 그녀의 말을 듣고, 가버리는 이 방문객을.

qui apparaît et disparaît, qui existe, parle, rit avec elle, se tait, l'écoute et s'en va.

실험실에서 깨어났을 때, 그는 뭔가 바뀌었다고 느꼈다.

Lorsqu'il se retrouva dans la salle d'expériences, il sentit que quelque chose avait changé.

수용소 소장이 거기 있었던 것이다. 주위에서 오가는 이야기를 듣고

Le chef du camp était là. Aux propos échangés autour de lui,

그는, 과거로 보내는 실험이 성공했기 때문에 자신을 이제 미래로 보낼 작정임을 알았다.

il comprit que, devant le succès des expériences sur le Passé, c'était dans l'Avenir qu'on entendait maintenant le projeter.

이런 모험이 너무 자극적이어서 그는 자연사박물관에서의 만남이 마지막 만남이었다는 것을 한동안 잊고 있었다.

L'excitation d'une telle aventure lui cacha quelque temps l'idée que cette rencontre au Muséum avait été la dernière.

미래는 과거보다 더 잘 보존되어 있었다.

L'Avenir était mieux défendu que le Passé.

기전보다 더 고통스러웠던 몇 번의 시도 끝에, 그는 마침내 미래 세계와 공명할 수 있었다.

Au terme d'autres essais encore plus éprouvants pour lui, il finit par entrer en résonance avec le monde futur.

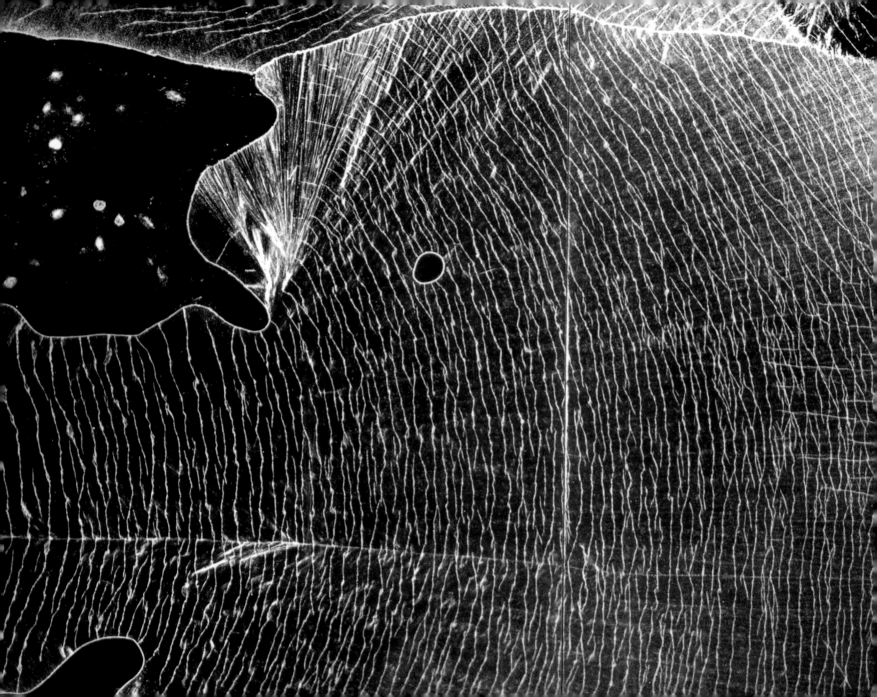

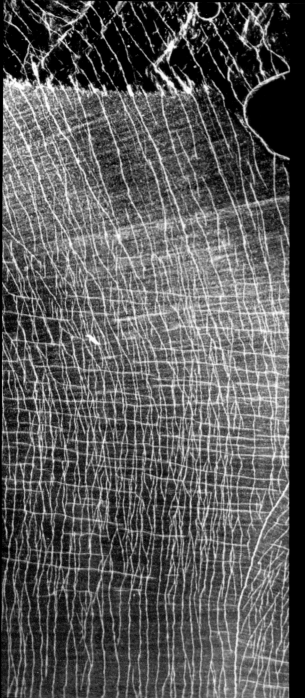

그는 변형된 지구, 재건된 파리, 불가사의한 만 개의 거리를 횡단했다.

Il traversa une planète transformée, Paris reconstruit, dix mille avenues incompréhensi

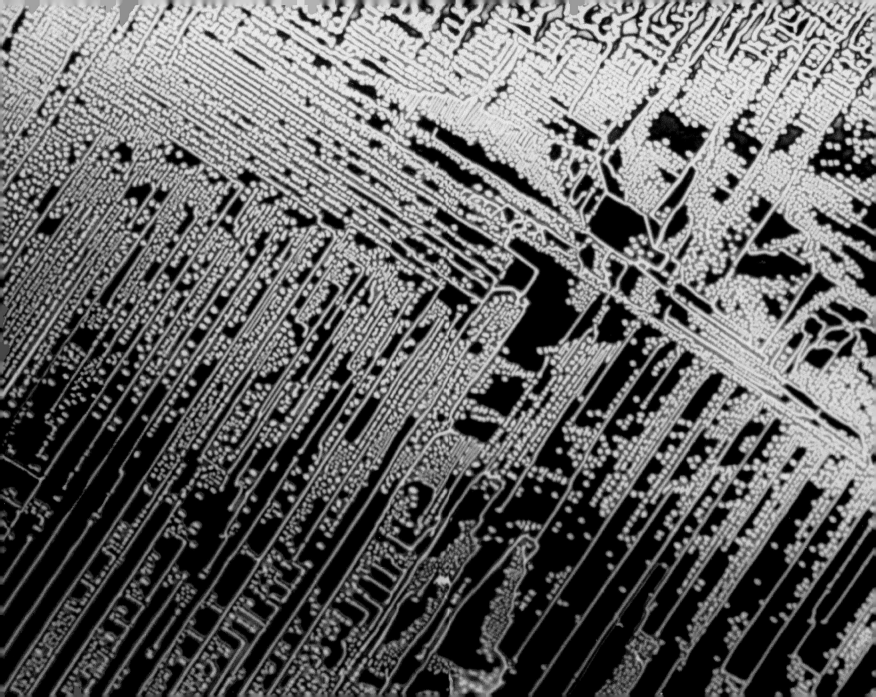

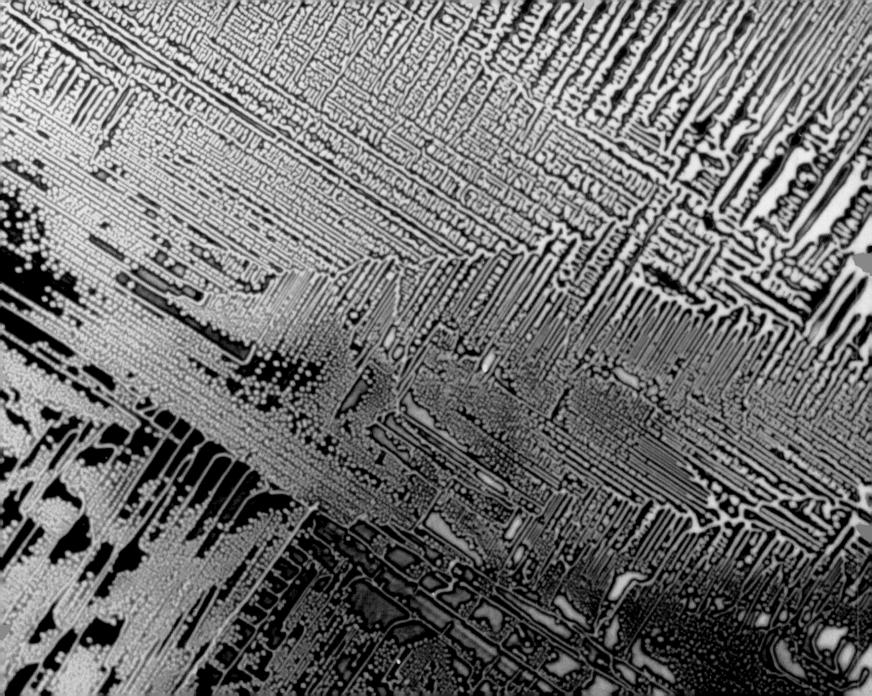

다른 사람들이 그를 기다리고 있었다. 만남은 짧았다.

D'autres hommes l'attendaient. La rencontre fut brève.

이들은 분명 다른 시기의 찌꺼기를 거부했다.

Visiblement, ils rejetaient ces scories d'une autre époque.

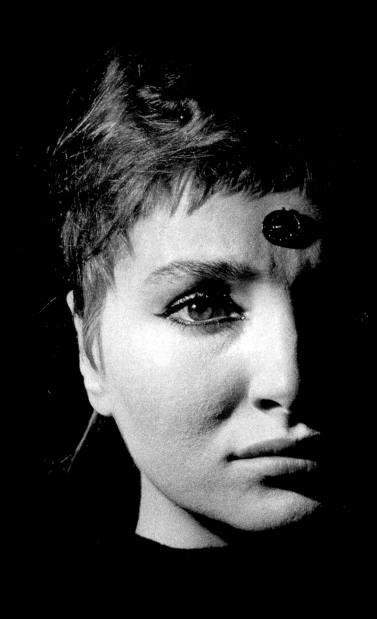

그는 자신이 얻은 교훈을 암송했다.

Il récita sa leçon.

인류는 결국 살아남았기 때문에, 인류 자신의 생존에 필요한 수단을 과거로 보내는 걸 거부할 수 없었다.

Puisque l'humanité avait survécu, elle ne pouvait pas refuser à son propre passé les moyens de sa survie.

이 궤변은 운명으로 가장하여 받아들여졌다.

Ce sophisme fut accepté comme un déguisement du Destin.

그는 인간의 온갖 산업을 재가동하는 데 충분한 동력 장치를 받았고

On lui donna une centrale d'énergie suffisante pour remettre en marche toute l'industrie humaine,

미래의 문은 다시 닫혀버렸다.

et les portes de l'Avenir furent refermées.

되돌아온 지 얼마 되지 않아서, 그는 수용소의 다른 구역으로 옮겨졌다.

Peu de temps après son retour, il fut transféré dans une autre partie du camp.

그는 간수들이 자신을 살려두지 않으리라는 것을 알았다. 그는 이들의 손아귀에 놓인 도구였고, 어린 시절의 이미지는 그를 조종하는 미끼로 사용되었으며,

I savait que ses geôliers ne l'épargneraient pas. Il avait été un instrument entre leurs mains, son image d'enfance avait servi d'appât pour le mettre

그는 그들의 기대를 충족시켰고, 자기 역할을 다했다.

en condition, il avait répondu à leur attente et rempli son rôle.

그는 이제 제거될 날만을 기다리고 있었다. 자신의 어딘가에 남아 있을, 두 번 경험한 시간의 기억과 함께.

Il n'attendait plus que d'être liquidé, avec quelque part en lui le souvenir d'un temps deux fois vécu.

이 극도의 불확실성 속에서 그는 미래 인간들의 메시지를 받았다.

C'est au foud de ces limbes qu'il reçut le message des hommes de l'avenir.

이들 또한 시간 여행을 할 수 있었다. 물론 훨씬 더 쉽게.

Eux aussi voyageaient dans le Temps, et plus facilement.

이들이 이제 그를 찾아와서 그를 자기들 편으로 받아들이겠다고 제안했다.

Maintenant ils étaient là et lui proposaient de l'accepter parmi eux.

그러나 그는 다른 것을 요청했다.

Mais sa requête fut différente:

평화로운 미래보다

plutôt que cet avenir pacifié,

자기 유년 시절의 세계와, 아마도 그를 기다리고 있을 여인을 되돌려달라고 요구했다.

il demandait qu'on lui rende le monde de son enfance, et cette femme qui l'attendait peut-être.

다시 오를리 공항의 환송대, 이제 그가 되돌아온 전쟁 이전의 그 뜨거운 일요일에

Une fois sur la grande jetée d'Orly, dans ce chaud dimanche d'avant-guerre où il allait pouvoir demeurer,

그는 약간의 현기증을 느끼며, 비행기를 보려고 어린 시절의 자기 또한 거기 와 있을 거라고 생각했다.

pensa avec un peu de vertige que l'enfant qu'il avait été devait se trouver là aussi, à regarder les avions

그는 그녀를 향해 뛰었다.

Il courut vers elle.

아이의 눈으로 보도록 그에게 허용된 이 순간,

et que cet instant qu'il lui avait été donné de voir enfant

그가 끝없이 사로잡혀 있던 이 순간이

et qui n'avait pas cessé de l'obséder,

환송대 La Jetée (1962)
시나리오 및 촬영 크리스 마커 Chris Marker

배우
엘렌 샤틀랭 Hélène Chatelain
다보 아니쉬 Davos Hanich
자크 르두 Jacques Ledoux
앙드레 하인리히 André Heinrich
자크 브랑쉬 Jacques Branchu
피에르 조프루아 Pierre Joffroy
에티엔 베커 Etienne Becker
필베르트 폰 리프시츠 Philbert von Lifchitz
리기아 보로프지크 Ligia Borowczyk
자닌 클라인 Janine Klein
윌리엄 클라인 William Klein
제르마노 파세티 Germano Facetti

편집
장 라벨 Jean Ravel

'미래 세계'의 무대미술
장-피에르 쉬드르 Jean-Pierre Sudre

음악
트레버 던컨 Trevor Duncan
그리고 ‹성 토요일의 러시아 성찬식 *Russian Liturgy of the Good Saturday*›

사운드 믹싱
앙투안 봉팡티 Antoine Bonfanti

제작
아르고스 필름 Argos Films

크리스 마커 영상작품 목록

장편영화

1952 ‹올랭피아 52 Olympia 52›, 82분, 헬싱키.

1958 ‹시베리아에서 온 편지 Lettre de Sibérie›, 62분.

1960 ‹어떤 투쟁의 기록 Description d'un combat›, 60분, 이스라엘.

1961 ‹그래, 쿠바 Cubi Si›, 52분.
　　　총 2부:
　　　　　1부. 에펠탑에 대한 기도 Prière sur la Tour Eiffel.
　　　　　2부. 팡토마의 귀환 Le Retour de Fantômas.

1965 ‹구미코 미스터리 Le Mystère Koumiko›, 54분, 도쿄.

1974 ‹멀리 있는 가수의 고독 La Solitude du chanteur de fond›, 60분,
　　　이브 몽탕 Yves Montand의 초상.

1977 ‹공기의 기반은 붉다 Le Fond de l'air est rouge›, 240분.
　　　[고양이 없는 고양이 웃음 A Grin Without a Cat], 180분.
　　　총 2부:
　　　　　1부. 연약한 손 Les Mains fragiles.
　　　　　2부. 잘린 손 Les Mains coupées.

1982 ‹태양 없이 Sans soleil›, 110분.

1985 ‹A.K.›, 71분, 구로사와 아키라 Akira Kurosawa의 초상.

1986 ‹시몬에 대한 기억들 Mémoires pour Simone›, 61분, 시몬 시뇨
　　　레 Simone Signoret의 초상.

1992 ‹알렉산드르의 무덤 Le Tombeau d'Alexandre›[마지막 볼
　　　셰비키 The Last Bolshevik], 120분, 알렉산드르 메드베드
　　　킨 Aleksandr Medvedkine의 초상.

1996 ‹제5단계 Level Five›, 105분.

1997 ‹마이클 샘버그에 대한 추억 Souvenir de Michael H. Shamberg›,
　　　78분.

1999 ‹안드레이 아르세니예비치의 어떤 하루 Une journée d'Andrei
　　　Arsenevitch›, 55분, 안드레이 타르콥스키 Andrei Tarkovsky의
　　　초상.

2004 ‹높은 곳에 올라앉은 고양이들 Chats perchés›, 58분.

단편영화

1956 ‹베이징에서의 일요일 Dimanche à Pékin›, 22분.

1962 ‹환송대 La Jetée›, 28분.

1966 ‹나에게 네 마리 낙타가 있다면 Si j'avais quatre dromadaires›,
　　　49분.

1969 ‹아르투르 런던의 두번째 재판 Le Deuxième Procès d'Artur
　　　London›, 28분.

1969 ‹브라질 얘기를 하고 있어요 On vous parle du Brésil›, 20분,

1970 ‹카를로스 마리겔라 Carlos Marighela›, 17분.

1970 ‹말에는 의미가 있다 Les Mots ont un sens›, 20분,
　　　프랑수아 마스페로 François Maspero의 초상.

1971 ‹기차가 간다 Le Train en marche›, 32분, 알렉산드르 메드베드
　　　킨 Aleksandr Medvedkin의 초상.

1973 ‹대사 L'Ambassade›, 슈퍼 8밀리 필름으로 촬영, 20분.

1981 ‹정코피아 Junkopia›, 6분, 샌프란시스코.

1995 ‹국제연합군 Casque bleu›, 25분 20초.

1997 ‹슈테판 헤르린 Stephan Hermlin›, 11분 29초.

1999 ‹일식 Eclipse›, 8분 32초.

텔레비전

1989 ‹올빼미의 유산 L'Héritage de la chouette›, 26분짜리
　　　단편 13개.

1990 ‹베를린의 산책 Berliner ballade›, 25분, 2번 채널 '특파원'
　　　코너.

1992 ‹우편배달부는 항상 말방울을 울린다 Le Facteur sonne toujours
　　　Cheval›, 52분.

＊ 제목 뒤에 나오는 도시 이름은 그 작품이 촬영된 곳.

멀티미디어

1978 ‹20세기가 형태를 갖출 때 Quand le siècle a pris formes›, 멀
티스크린 비디오, 12분, 퐁피두센터 전시 ‹파리-베를린 Paris-
Berlin›에서 상영.

1985-92 ‹재핑 존 Zapping Zone›, 비디오/컴퓨터/필름, 퐁피두센터 전시
‹이미지의 횡단 Passages de l'image›에서 상영.

비디오

(1985-1994 ‹재핑 존 Zapping Zone›에서 상영)

‹마타 85 Matta '85›, 14분 18초.

‹크리스토 85 Christo '85›, 24분.

‹타르콥스키 86 Tarkovsky '86›, 26분.

‹섬광 Eclats›, 20분.

‹맹수 감옥 Bestiaire›, 9분 4초.

총 3부:

1부. 음악 듣는 고양이 Chat écoutant la musique, 2분 47초.

2부. 올빼미는 올빼미,는 올빼미 An Owl Is an Owl Is an Owl,
3분 18초.

3부. 동물원 단편 Zoo Piece, 2분 45초.

‹유령 Spectre›, 27분.

‹도쿄의 나날들 Tokyo Days›, 24분.

‹베를린 90 Berlin '90›, 20분 35초.

‹사진 열람 Photo Browse›, 17분 20초, 301개의 사진.

‹차우셰스쿠 우회 Détour Ceausescu›, 8분 2초.

‹집합 이론 Théorie des ensembles›, 11분.

‹아줄문 Azulmoon›, 순환영상.

‹가장자리 창문 Coin fenêtre›, 9분 35초.

‹수용소에서 보낸 스무 시간 Le 20 heures dans les camps›, 27분.

‹프티트 생튀르 기찻길 Petite ceinture›, 비디오 하이쿠 vidéo
haiku, 1분.

‹갈매기 Tchaika›, 비디오 하이쿠, 1분 29초.

‹당신의 눈에 들어온 올빼미 Owl gets in your eyes›, 비디오 하이
쿠, 1분 10초.

뮤직비디오

1990 ‹모면하기 Getting away with it›, 전자음악을 위한 뮤직비디오,
4분 27초, 런던.

2011 ‹그리고 네가 여기 있어 And you are here›, '데이먼 앤드 나오
미 Damon and Naomi' 뮤직비디오, 4분 44초.

공동연출 영화

1953 ‹조각상도 죽는다 Les Statues meurent aussi›, 알랭 레네 Alain
Resnais와 공동연출, 30분.

1962 ‹아름다운 오월 Le Joli mai›, 165분, 피에르 롬 Pierre Lhomme
과 공동연출, 165분, 파리.

총 2부:

1부. 에펠탑에 대한 기도 Prière sur la Tour Eiffel.

2부. 팡토마의 귀환 Le Retour de Fantômas.

1968 ‹곧 다시 만나길 바라요 A bientôt j'espère›, 마리오 마레 Mario
Marret와 공동연출, 55분.

1968 ‹펜타곤의 여섯번째 면 La Sixième face du Pentagone›, 프랑수
아 라이헨바흐 François Reichenbach와 공동연출, 28분.

1969 ‹촬영일 Jour de tournage›, 피에르 뒤푸이 Pierre Dupouey와 공
동연출, 11분.

1970 ‹천만의 전투 La Bataille des dix millions›, 발레리 마유 Valérie
Mayoux와 공동연출, 58분, 쿠바.

1972 ‹고래 만세 Vive la baleine›, 마리오 루스폴리 Mario Ruspoli와 공
동연출, 30분.

2000 ‹코소보의 시장님 Un maire au Kosovo›, 프랑수아 크레미
유 François Crémieux와 공동연출, 27분 20초.

2001 ‹미래의 기억 Le Souvenir d'un avenir›, 야닉 벨롱 Yannick
Bellon과 공동연출, 42분.

2008 ‹사형집행인의 시선 Le Regard du bourreau›, 레오 허위츠 Léo
Hurwitz와 공동연출, 31분.

2009 ‹작업실-영화 L'Ouvroir-the Movie›, 막스 모스비처 Max
Moswitzer와 공동연출, 29분.

집단연출 영화

1967 ‹베트남 멀리서 Loin du Viêt-Nam›, 115분.

1968 ‹계급투쟁 Classe de lutte›, 40분.

1969 ‹로디아 4×8 Rhodia 4×8›, 3분 22초.

1970 ‹공장에 간 카메라 Die Kamera in der Fabrik›, 88분.

1974 ‹된다고 말했기 때문이죠 Puisqu'on vous dit que c'est
possible›, 60분.

1975 ‹나선 La Spirale›, 155분, 칠레.

1984 ‹2084 2084›, 10분, 통합주의 100년.

내레이션

1956 ‹고래 잡는 사람들 Les Hommes de la balein›, 마리오 루스폴
리의 영화.

1957 ‹15번 작업실의 비밀 Le Mystère de l'atelier quinze›, 알랭 레
네의 영화.

1959 ‹장고 라인하르트 Django Reinhardt›, 폴 파비오 Paul Paviot의
영화.

1963 ‹발파라이소 A Valparaiso›, 요리스 이벤스 Joris Ivens의 영화.

1966 ‹금지된 화산 Le Volcan interdit›, 하룬 타지에프 Haroun
Tazieff의 영화.

유튜브

2006 ‹라일라의 공격 Leila Attacks›, 1분.

2008 ‹메트로토피아 Metrotopia›, 4분 12초.

2007 ‹기욤의 영화 Guillaume Movie›, 3분 18초.

2008 ‹그날 아침 이후 The Morning after›, 5분 41초.

2011 ‹결단의 시간 Tempo risoluto›, 6분 15초.

2011 ‹로얄 폴카 Royal Polka›, 1분 23초.

2011 ‹하룻밤 사이에 Overnight›, 2분 42초.

2011 ‹상상하다 Imagine›, 31초.

2011 ‹키노 Kino›, 1분 45초.

2011 ‹iDead iDead›, 2분 27초.

La Jetée: Ciné-Roman
Copyright © 1992 Urzone, Inc.
Zone Books
All rights reserved.

No part of this book may be used or reproduced in any
manner whatsoever without written permission except in
the case of brief quotations embodied in critical articles
or reviews.

Korean Translation Copyright © 2018 by Moonji Publishing
Co., Ltd.
This Korean edition is published by arrangement with
Zone Books through Imprima Korea Agency.

이 책의 한국어판 저작권은 임프리마 에이전시를 통해 Zone Books와
독점 계약한 ㈜문학과지성사에 있습니다.
저작권법에 의해 보호받는 저작물이므로 무단 전재 및 복제를 금합니다.

환송대: 영화-소설

제1판 제1쇄 2018년 11월 30일

지은이 크리스 마커
옮긴이 이윤영
펴낸이 이광호
편집 김현주 최대연
디자인 김은혜
펴낸곳 ㈜문학과지성사
등록번호 제1993-000098호
주소 04034 서울 마포구 잔다리로7길 18(서교동 377-20)
전화 02) 338-7224
팩스 02) 323-4180(편집) 02) 338-7221(영업)
전자우편 moonji@moonji.com
홈페이지 www.moonji.com

ISBN 978-89-320-3489-8 03680

이 도서의 국립중앙도서관 출판예정도서목록(CIP)은 서지정보유통지원
시스템 홈페이지(http://seoji.nl.go.kr)와 국가자료공동목록시스템(http://
www.nl.go.kr/kolisnet)에서 이용하실 수 있습니다.
(CIP제어번호: CIP2018033474)